PIANO / VOCAL / GUITAR

COLDPLAY

◆

GHOST STORIES

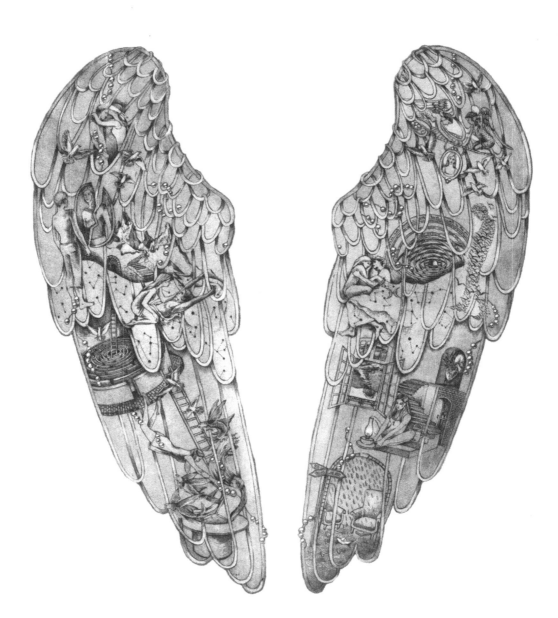

HAL•LEONARD®
CORPORATION
7777 W. BLUEMOUND RD. P.O. BOX 13819 MILWAUKEE, WI 53213

ISBN 978-1-4803-9682-1

This book © 2014 Wise Publications, a division of Music Sales Limited

Edited by Jenni Norey
Music arranged by Alistair Watson
Music processed by Paul Ewers Music Design

Visit Hal Leonard Online at
www.halleonard.com

COLDPLAY

+

GHOST STORIES

LYRICS

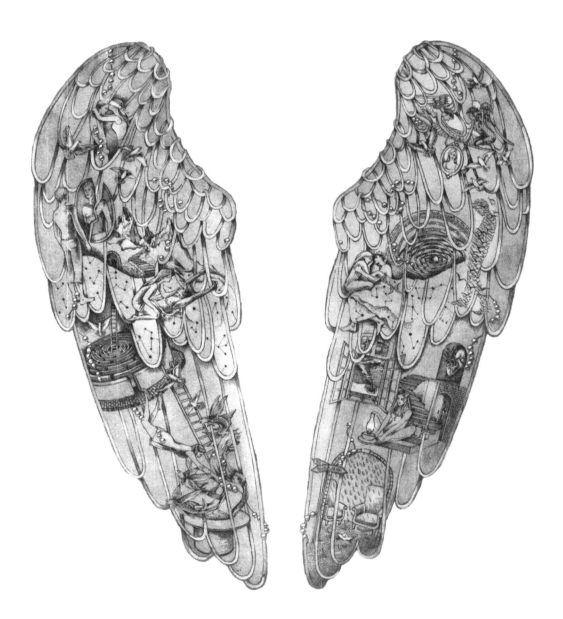

Always in my Head

I think of you
  I haven't slept
I think I do, but
  I don't forget
    my body moves,
        goes where I will
  but though I try my Heart stays still
it never moves, just won't be led
and so my mouth waters to be fed

  And you're Always in my Head
you're Always in my Head
  You're Always in my Head
  Always in my Head

  This, I guess
    is to tell you you're chosen
      out
        from the Rest.

MAGIC

Call it magic
or call it true
I call it Magic
when I'm with you
And I just got broken
broken into two
Still I call it Magic
When I'm next to you

Call it magic
you cut me into two
and with all your MAGIC
I disappear from view
And I can't get over
can't get over you
Still I call it magic
you're such a precious jewel

And I don't and I don't and I don't and
no I don't its true   I don't
I don't no I don't no I don't no I don't
want anybody else but you
And I don't and I don't and I don't and
no I don't its true   I don't
I don't no I don't no I don't no I don't
want anybody else but you
ooh ooh ooh ooh ooh

I want to fall, fall so far
I want to fall, fall so hard
And I call it Magic
I call it true
I call it MA — GIC
ooh ooh ooh ooh ooh

And if ya were to ask me
After all that we've been through
"still believe in Magic?"
well Yes I do
Of course I do!

INK

Got a tattoo that said "2gether thru life"
Carved in your name with my pocket knife
And ya wonder when you wake up, will it be alright
Feels like there's something broken inside oh oh oh oh

o All I know
  All I know
  Is that I'm lost whenever you go
  All I know is that I love you so
  So much that it hurts

Got a tattoo and the pain's alright
Just wanted a way of keeping you inside
oh oh oh oh oh oh

All I know
All I know
  is that I'm lost
    in your fire below
All I know
  Is that I Love you So
    So much that it hurts

See the Road begin to climb, see your stars begin to shine
I see your colours and I'm dying of thirst
All I know is that I Love you so
So much that it hurts
  oh yeah yeah yeah
  So much that it hurts.

True Love ♡

For a second, I was in control
I had it once, I lost it though
And all along the fire below
                    would rise

And I wish you could have let me know
What's really going on below
I've lost you now, you let me go
            But one last time

Tell me you love me
    If you don't then Lie
                Lie to me

Remember once upon a time, when I was
    yours and you were blind
    The fire would sparkle in your eyes
    And mine

So Tell me you love me
    And if you don't then Lie, lie to me
Just tell me you love me
        If you don't then Lie, lie to me
        If you don't then lie, lie to me
    And call it true call it
                    True Love
    call it true call it True Love

MiDNight

In the darkness before the dawn
In the swirling of the storm
When I'm rolling with the punches and hope is gone
Leave a light, a light on

Millions of miles from home
In the swirling, swimming on
When I'm rolling with the thunder
but bleed from thorns
Leave a light, a light on
Leave a light a light on

Another's Arms _____

late night watching TV
used to be you here beside me
used to be your arms around me
your body on my body

When the world means nothing to me
Another's Arms, Another's Arms
When the pain just rips right through me
Another's Arms, Another's Arms

late night watching TV
used to be you here beside me
Is there someone there to reach me?
Someone there to find me?

When the pain just rips right through me
Another's Arms, Another's Arms
and that's just torture to me
Another's Arms,
Pull yourself into me
Another's Arms
Another's arms Another's Arms
When the world means nothing to me Another's Arms
Another's Arms

Got to pull you close into me
Another's Arms Another's Arms
Pull yourself right through me
Another's Arms
Another's Arms

late night watching TV
Wish that you were here beside me
Wish that your arms were around me
your body on my body

Oceans

Wait for your call, Love
the call never came.
Ready to fall up
Ready to claim.
And I'm ready for it all, Love
Ready for the pain
meet under sun and
meet me again
in the Rain
in the Rain

behind the walls, Love
I'm trying to change.
And I'm ready for it all, Love
I'm ready for the change
Meet me in blue sky
meet me again
in the Rain
in the Rain
in the Rain

You've got to find yourself alone in this world
You've got to find yourself alone

A Sky Full of Stars

'cause you're a Sky, cause you're a Sky full of stars
I'm gonna give you my Heart
cause you're a Sky, cause you're a Sky full of Stars
Cause you light up the path
And I don't care, go on and tear me apart
I don't care if you do
Cause in a Sky, cause in a Sky full of Stars
I think I saw you

Cause you're a Sky, cause you're a Sky full of Stars
I want to die in your arms
Cause you get lighter the more it gets dark
I'm gonna give you my heart
And I don't care, go on and tear me apart
I don't care if you do
Cause in a Sky, cause in a Sky full of Stars
I think I see you
I think I see you

Cause you're a Sky, you're a Sky full of Stars
Such a Heavenly View
you're such a Heavenly view

yeah
yeah
yeah
Woo!

(fly on)

A flock of Birds hovering above
just a flock of Birds
that's how you think of Love

And I always
Look up to the Sky
Pray before the Dawn
Cause they fly always
Sometimes they arrive
Sometimes they are gone

they fly on

a flock of birds
hovering above
Into smoke I'm turned and Rise following them up

Still I always
Look up to the Sky, pray before the dawn
Cause they fly away
One minute they arrive, next you know
they're gone
they fly on
fly on

So fly on, ride through
maybe one day I'll fly next to you
fly on, Ride through, maybe one day I can
fly on
fly with you

O, Don't ~~EVER~~ LET GO .

ALWAYS IN MY HEAD

Words & Music by Guy Berryman, Jonathan Buckland,
William Champion & Christopher Martin

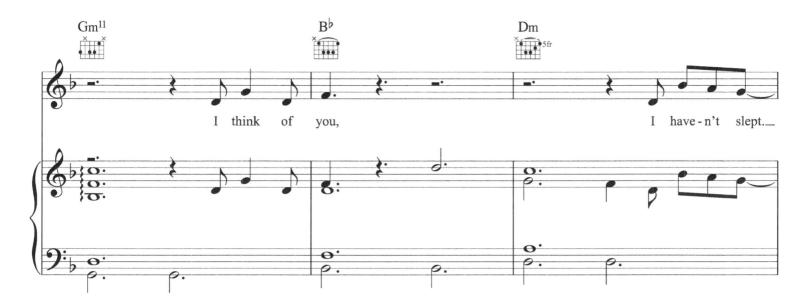

I think of you,

I have-n't slept.___

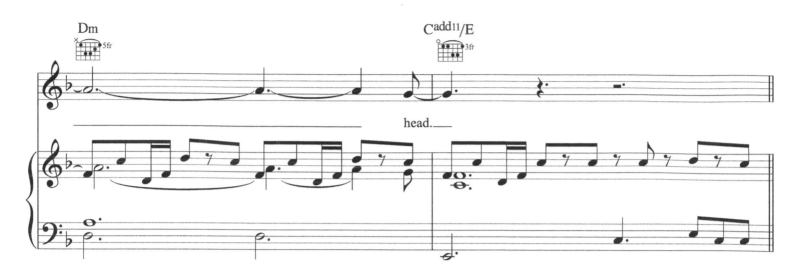

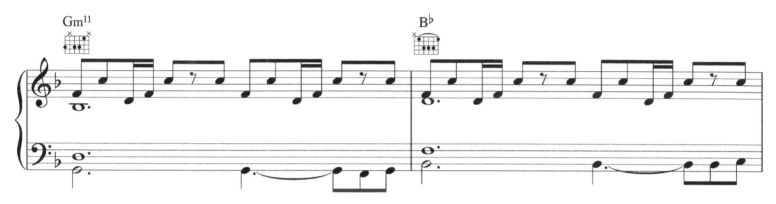

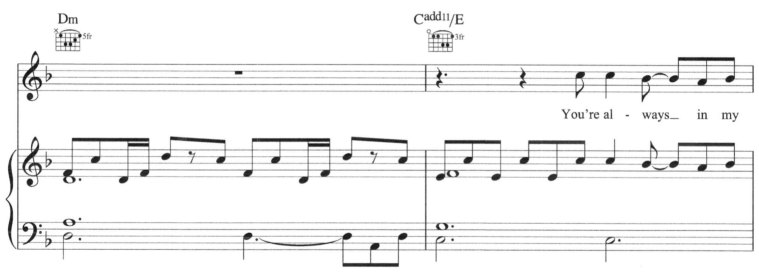

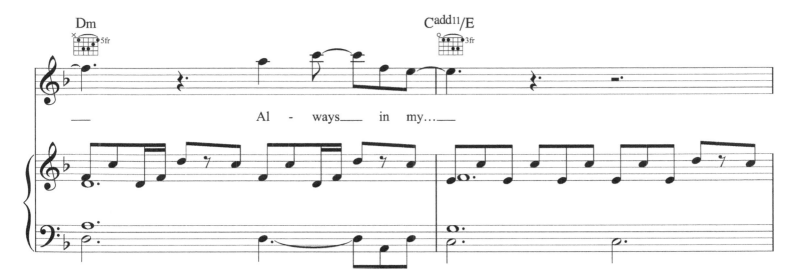

Al - ways___ in my...___

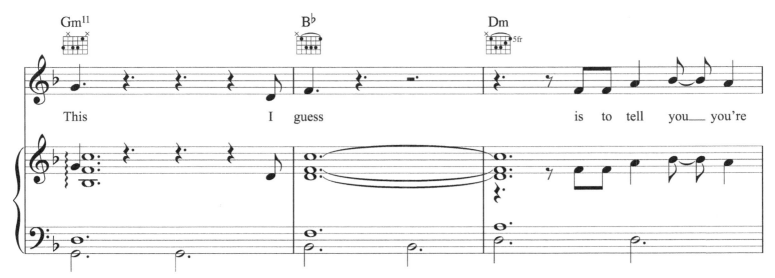

This   I guess   is to tell you___ you're

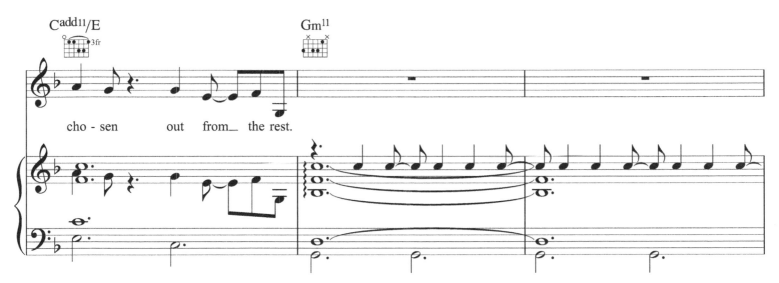

cho - sen   out from___ the rest.

MAGIC

Words & Music by Guy Berryman, Jonathan Buckland,
William Champion & Christopher Martin

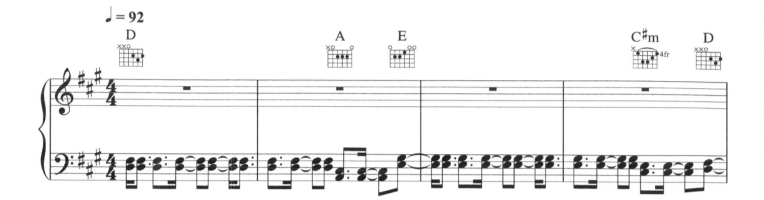

1. Call it___ ma-

-gic.   Call it___ true.
(2.) -gic.   Cut me in-to___ two.

2.

C#m7 D   A   E

And if you were to___ ask___ me   af-ter all that we've been___ through,___

C#m7 D

___   "Still be-lieve in___ ma - gic?"

A   E   C#m7 D

Well, yes I___ do.___   Oh, yes I___ do.

3° Instrumental to fade

Repeat to fade

A   E   C#m7 D

Oh, yes I___ do.   Oh, yes I___ do.
2° Of course I___ do.

INK

Words & Music by Guy Berryman, Jonathan Buckland,
William Champion & Christopher Martin

1. Got a tat-too that said 'to-geth-er thru___ life'.

Carved in your name with my pock-et___ knife.__

And you won-der when you wake up,___ will it be al-right.___ Oh oh oh, oh.___

Feels like there's some-thing bro-ken in-side.___ All I know,___

all___ I know___

is that I'm lost   when - ev - er you go.__
2° in your fire__ be - low.__

—   All__ I know__

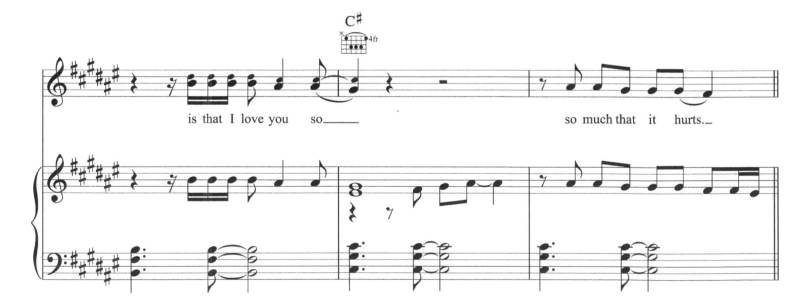

is that I love you so_____   so much that it hurts.__

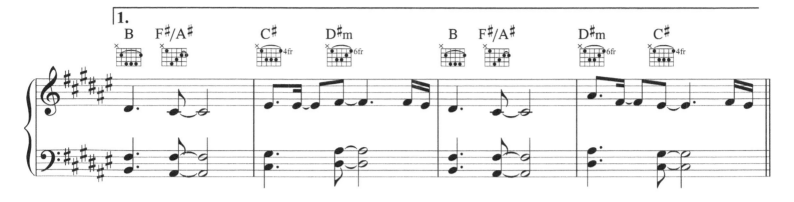

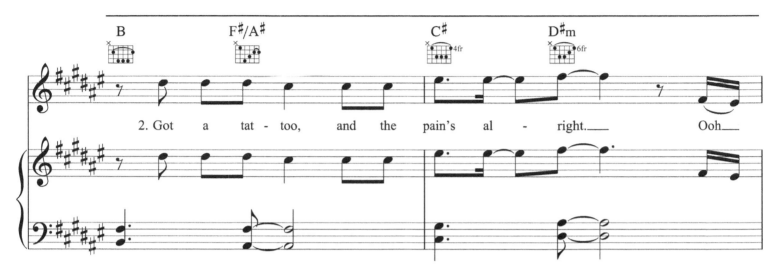

2. Got a tat-too, and the pain's al - right.___ Ooh___

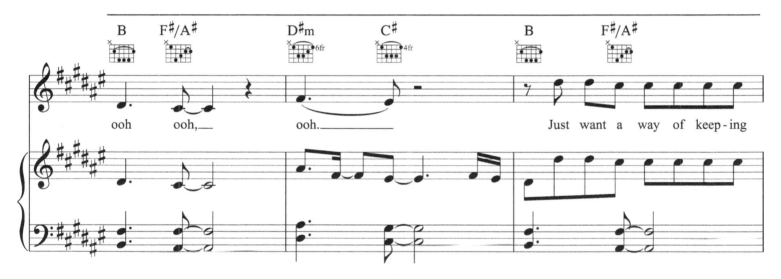

ooh ooh,___ ooh.___ Just want a way of keep-ing

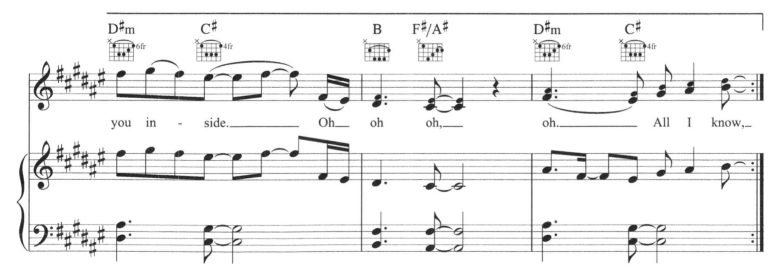

you in - side.___ Oh oh oh,___ oh.___ All I know,___

I see the road be-gin to climb.

I see your stars be-gin to shine.

I see your col - ours and I'm dy'n'___ of thirst.___ All I know_ is that I love you so___ so much that it hurts.___

Oh, yeah yeah yeah.___

___(Do do__ do do do do___ do do__ do do do do do do.) (Do do__ do do do do___ do do__ do do do do do do.)

(Do do__ do do do do___ do do__ do do do do do do.) (Do do__ do do do do.)___

So much that it hurts.___ (Do do__ do do do do___ do do__ do do do do do do.)

N.C.

Repeat and fade

TRUE LOVE

Words & Music by Guy Berryman, Jonathan Buckland,
William Champion & Christopher Martin

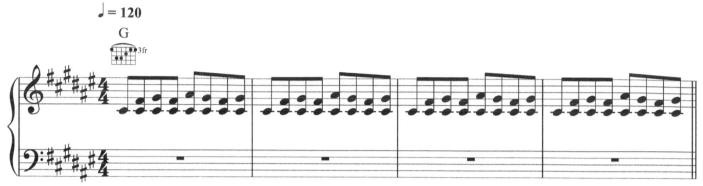

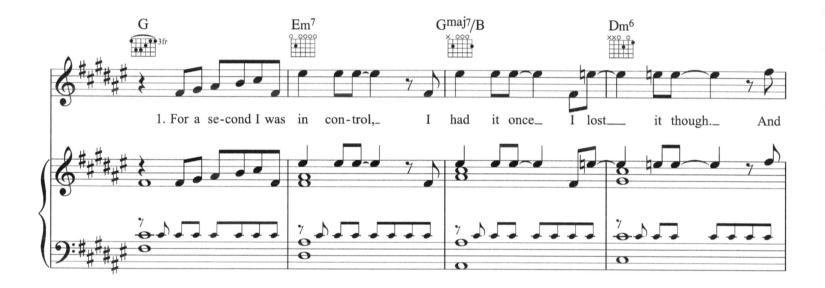

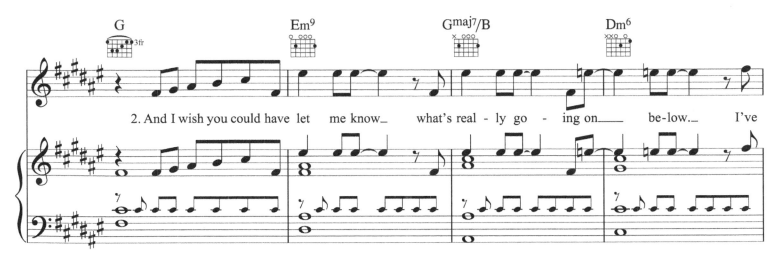

2. And I wish you could have let me know___ what's real-ly go - ing on___ be-low.___ I've

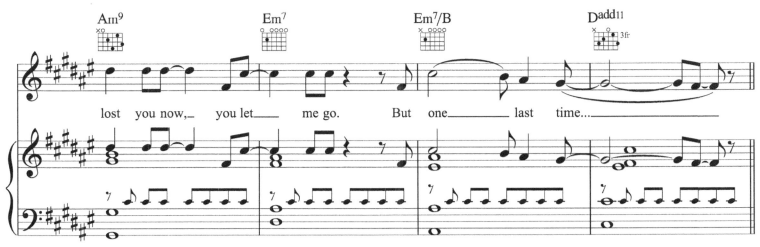

lost you now,___ you let___ me go. But one___ last time....

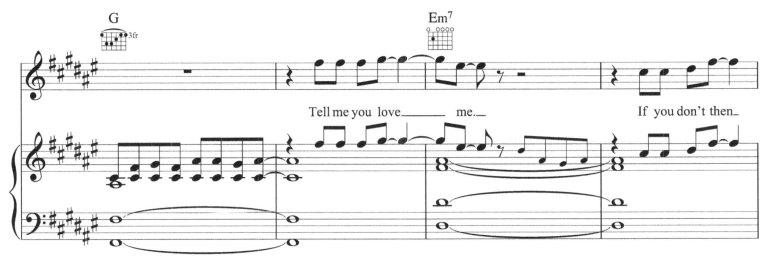

Tell me you love___ me.___ If you don't then___

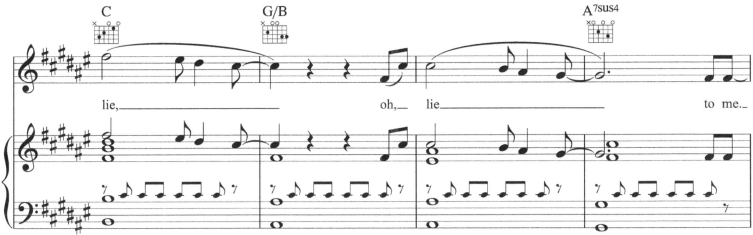

lie,___ oh,___ lie___ to me.___

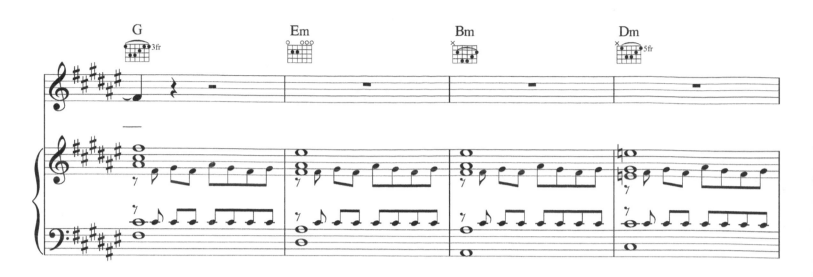

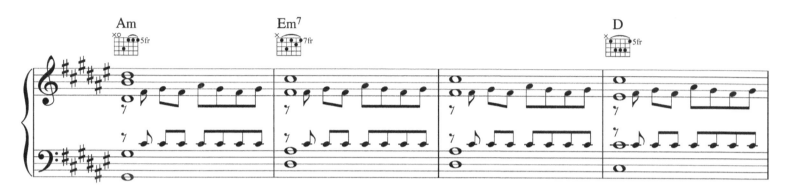

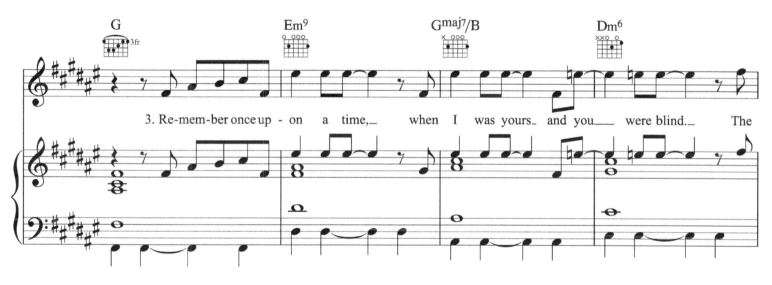

3. Re-mem-ber once up - on a time,___ when I was yours___ and you___ were blind.___ The

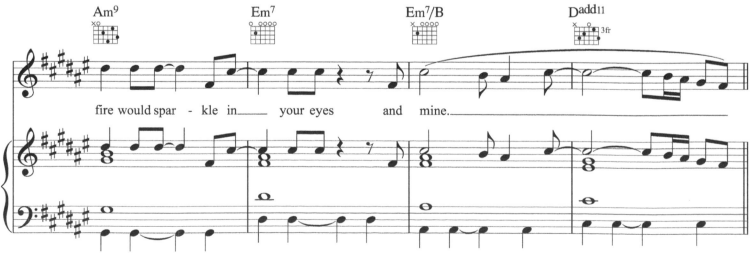

fire would spar - kle in___ your eyes and mine.___

So tell me you love_____ me.__ If you don't then_

lie,_____ oh,__ lie_____ to me.__

If you don't then_ lie,_____ oh,__

lie_____ to me.__

And call it true,____ call it true_____ love.

(Ah,_____

_____ ooh   ooh.____   Ah,____

ooh   ooh.)____

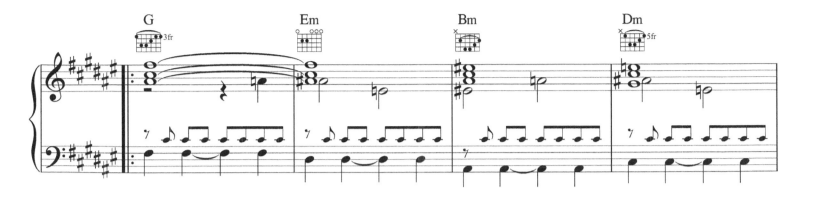

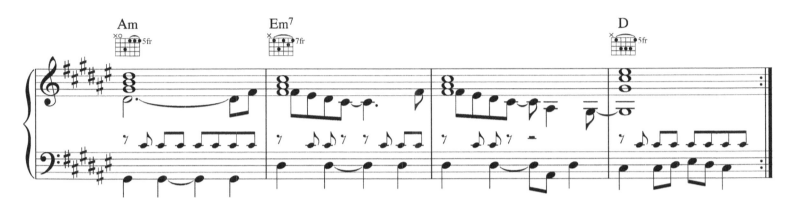

(Ah,_____ ooh ooh.____ Ah,____
Vocals 1° only

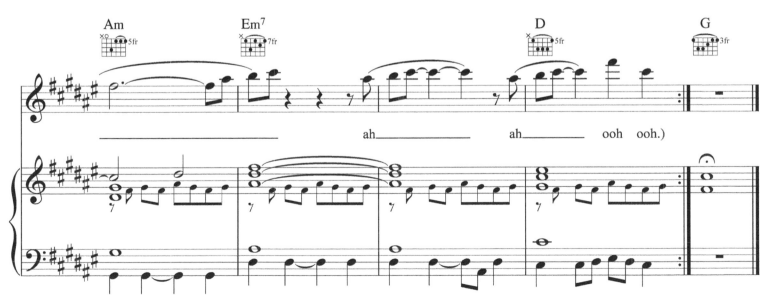

_____ ah_____ ah_____ ooh ooh.)

MIDNIGHT

Words & Music by Guy Berryman, Jonathan Buckland,
William Champion, Christopher Martin & Jon Hopkins

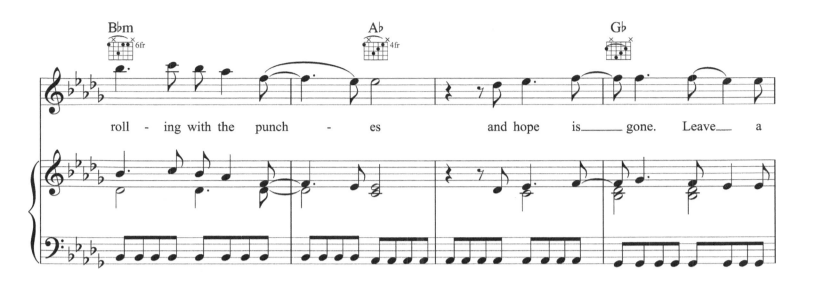

roll - ing with the punch - es and hope is___ gone. Leave___ a

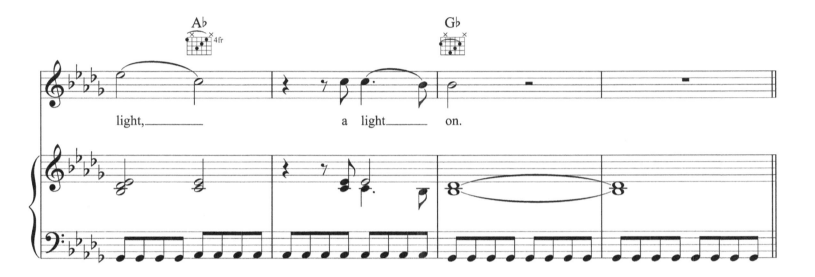

light,___ a light___ on.

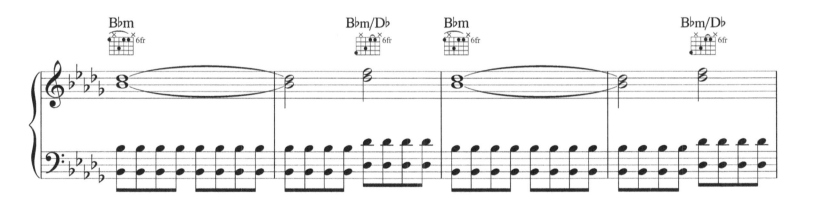

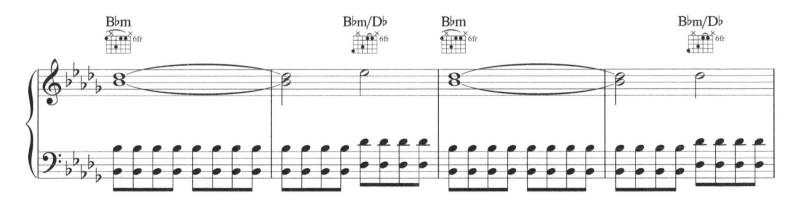

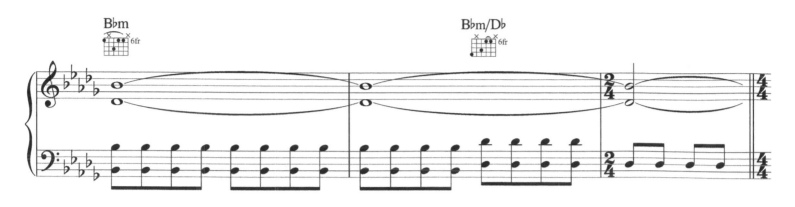

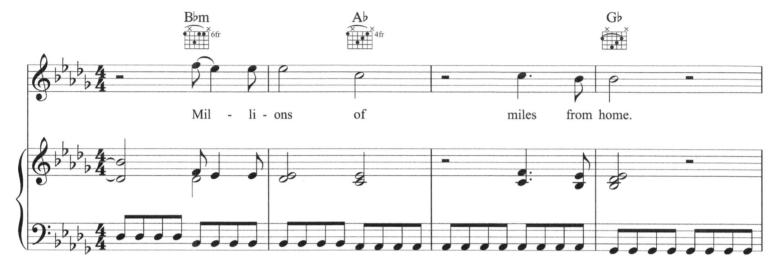

Mil - li - ons of miles from home.

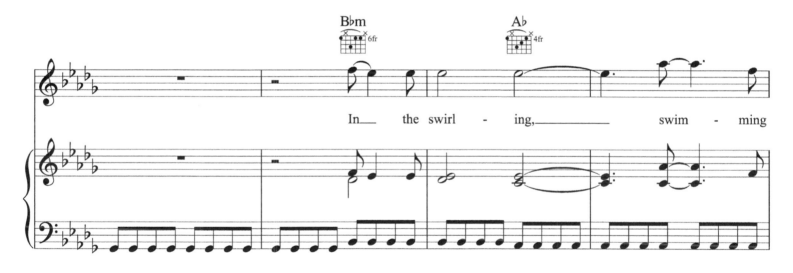

In___ the swirl - ing,_____ swim - ming

on._____ When I'm roll - ing with the thun - - der

but bleed from thorns. Leave_ a light,_____

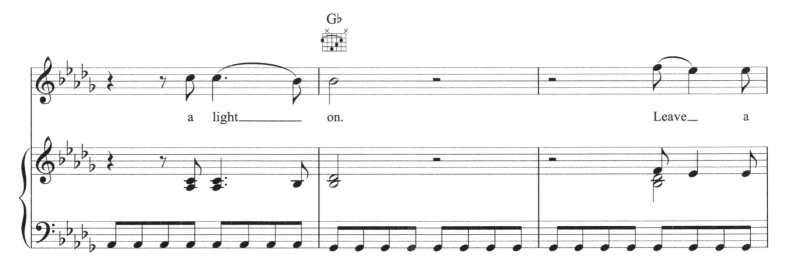

a light_____ on. Leave_ a

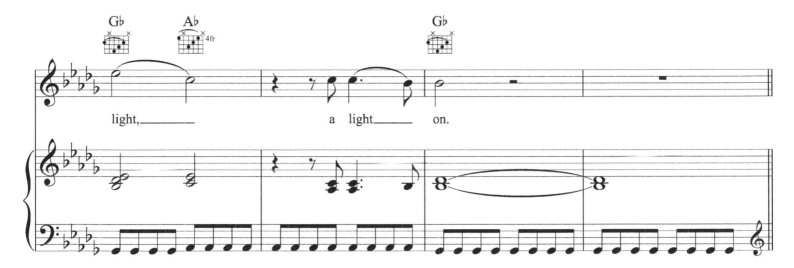

light,_____ a light_____ on.

41

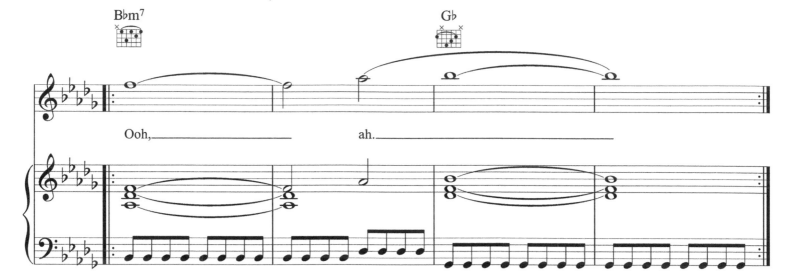

Ooh,_____ ah._____

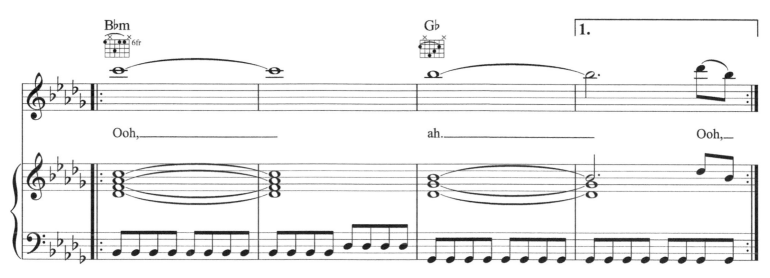

Ooh,_____ ah._____ Ooh,__

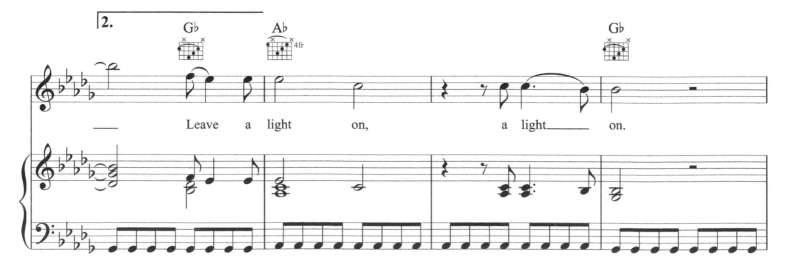

Leave a light on, a light____ on.

43

dark - ness   be - fore the dawn.

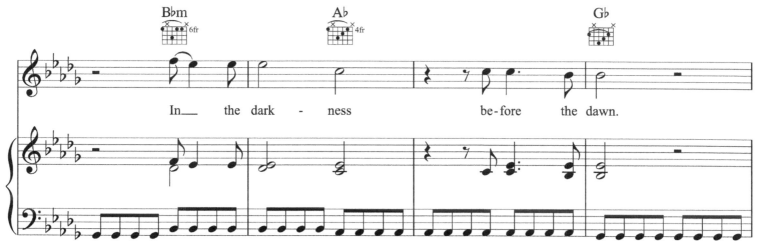

In__ the dark - ness   be - fore the dawn.

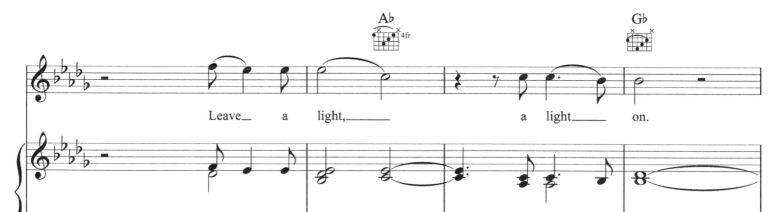

Leave__ a light,_____   a light_____ on.

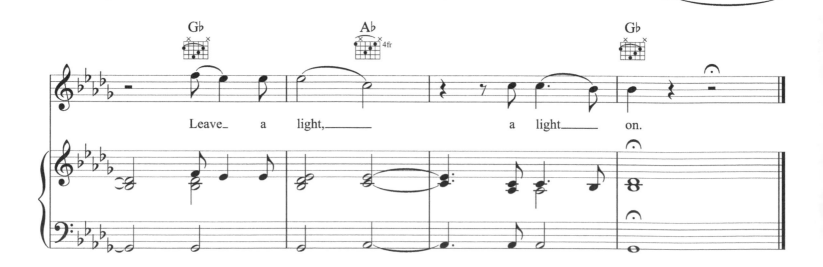

Leave__ a light,_____   a light_____ on.

ANOTHER'S ARMS

Words & Music by Guy Berryman, Jonathan Buckland, William Champion & Christopher Martin

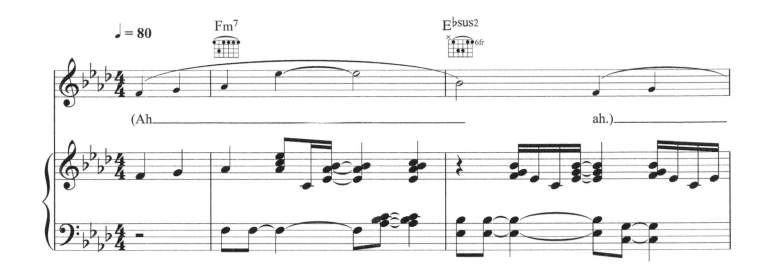

(Ah_____ ah.) _____

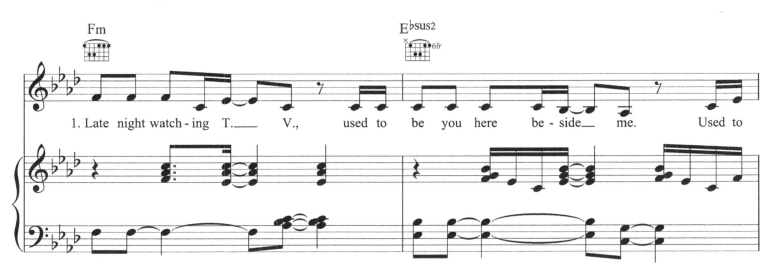

1. Late night watch-ing T.___ V., used to be you here be-side___ me. Used to

2. Late night watch-ing T.____ V., used to be you here be-side____ me. Is there

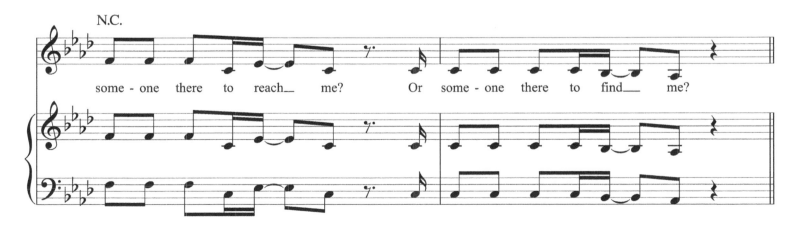

some - one there to reach____ me? Or some - one there to find____ me?

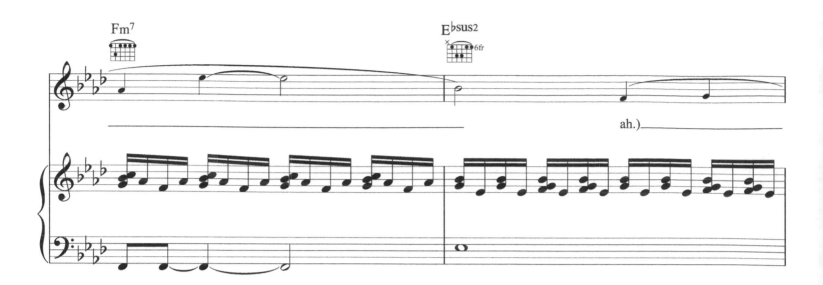

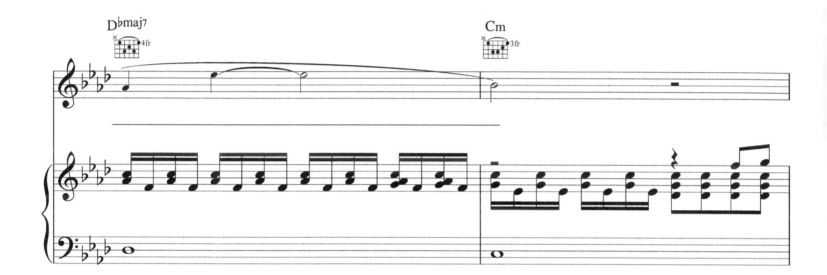

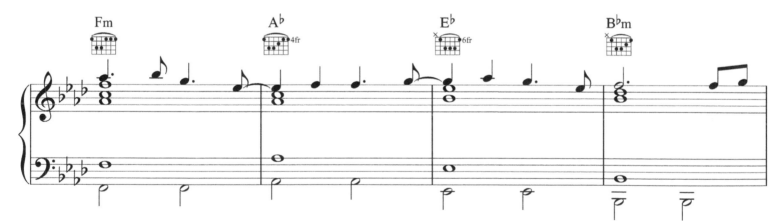

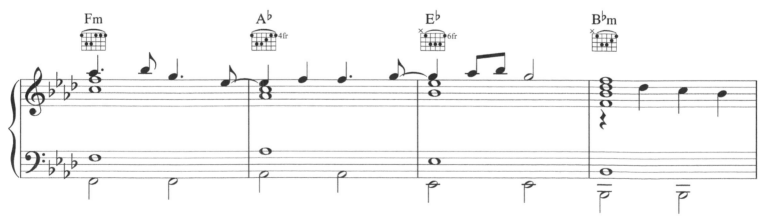

Got to pull you__ close__ in - to_____ me,   an-oth-er's arms,__

an-oth-er's   arms._____

Pull your - self__ right   through_____ me,   an-oth-er's

arms,   an-oth-er's   arms._____

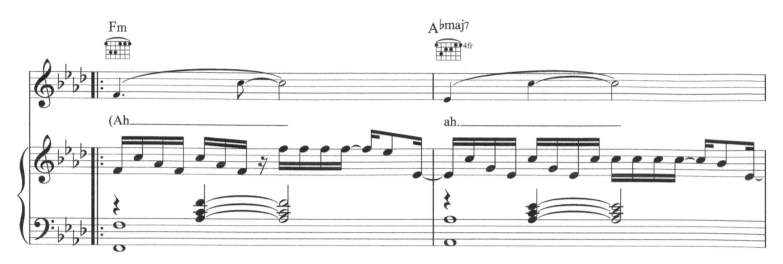

3. Late night watch-ing T.____ V., wish that you were here be-side____ me. Wish that

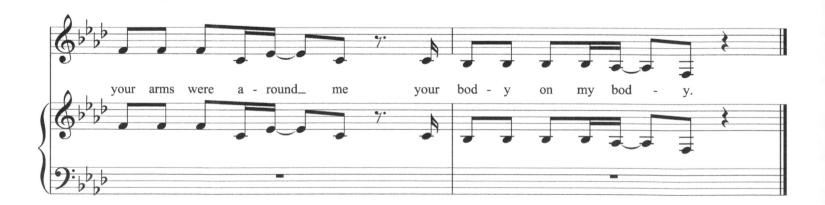

your arms were a-round____ me your bod - y on my bod - y.

OCEANS

Words & Music by Guy Berryman, Jonathan Buckland,
William Champion & Christopher Martin

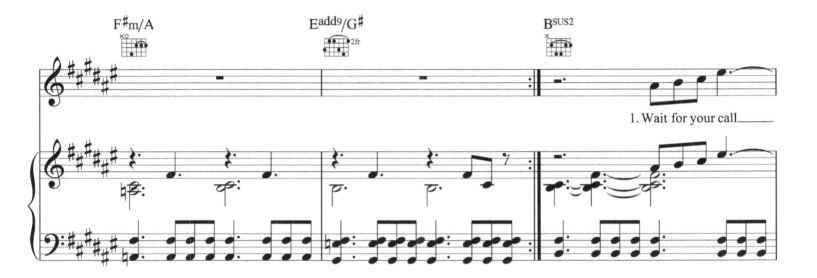

1. Wait for your call___

___ love, the call nev-er came.___

54

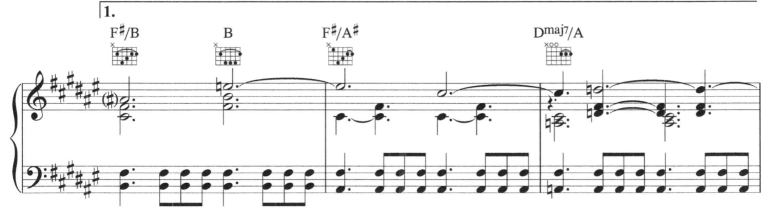

Got to find your-self a -

- lone____ in this world._____ Got to find your-self a - lone._____

slow down

A SKY FULL OF STARS

Words & Music by Guy Berryman, Jonathan Buckland,
William Champion, Christopher Martin & Tim Bergling

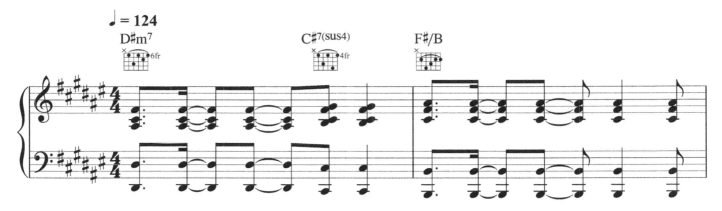

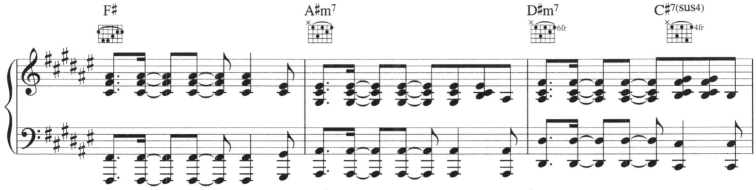

1. 'Cause you're a sky, _____ 'cause you're a sky _____ full of stars. _____
2. 'Cause you're a sky, _____ 'cause you're a sky _____ full of stars. _____

I think I saw you.

2° see

To Coda ⊕

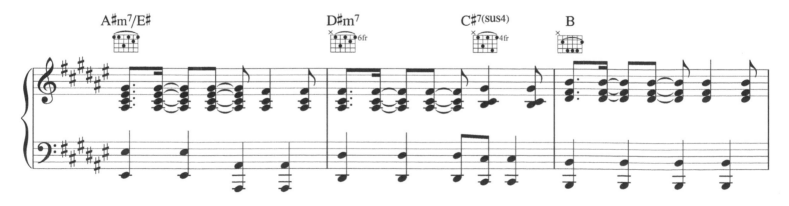

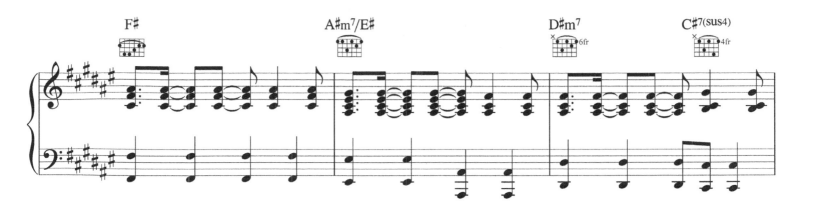

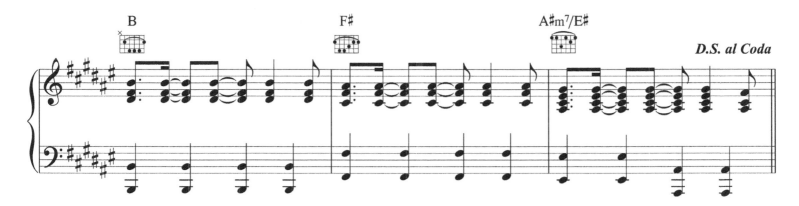

D.S. al Coda

$\oplus$ *Coda*

I think I see you._____

N.C.

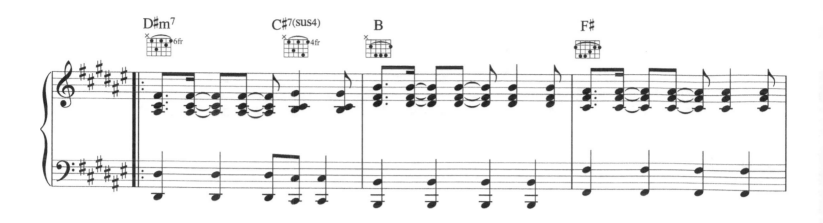

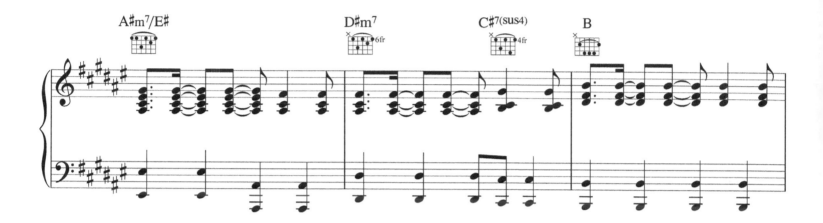

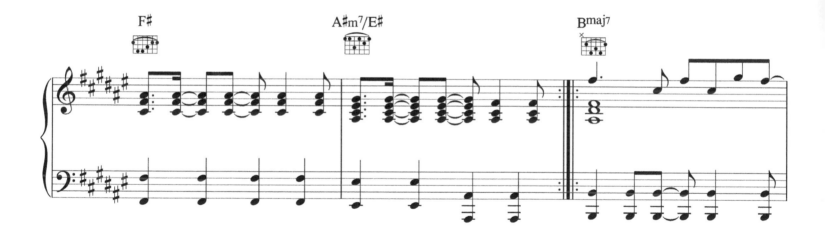

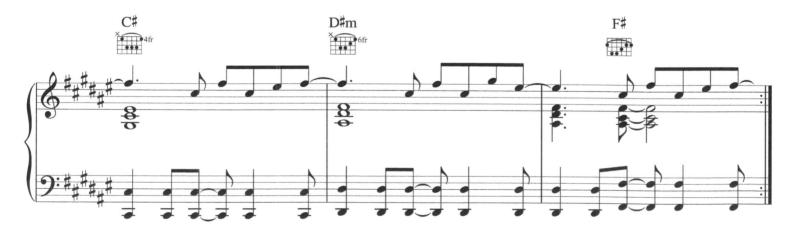

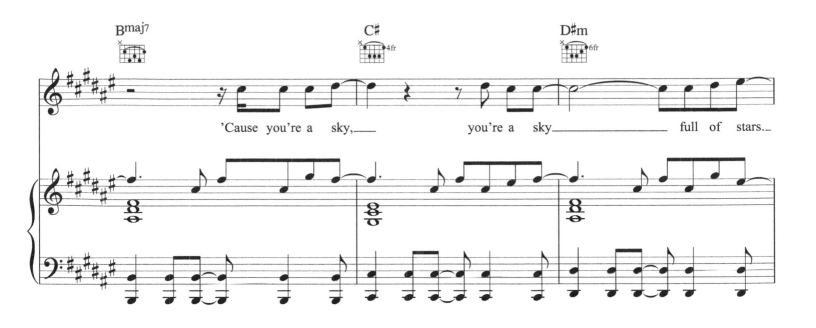

'Cause you're a sky,___ you're a sky___ full of stars.___

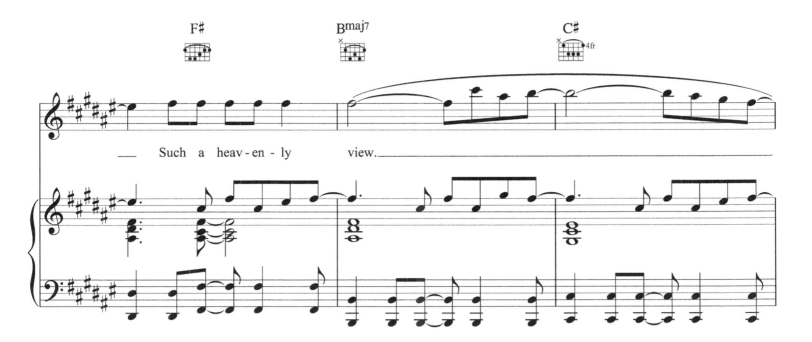

___ Such a heav-en-ly view.___

___ You're such a heav-en-ly view.___

(Ooh._____

Ooh.)_____

64

O

Words & Music by Guy Berryman, Jonathan Buckland,
William Champion & Christopher Martin

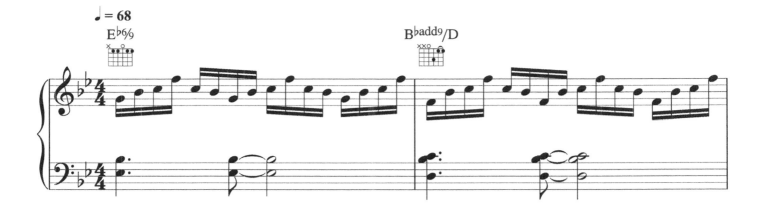

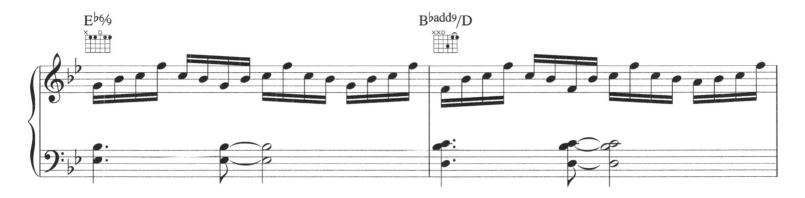

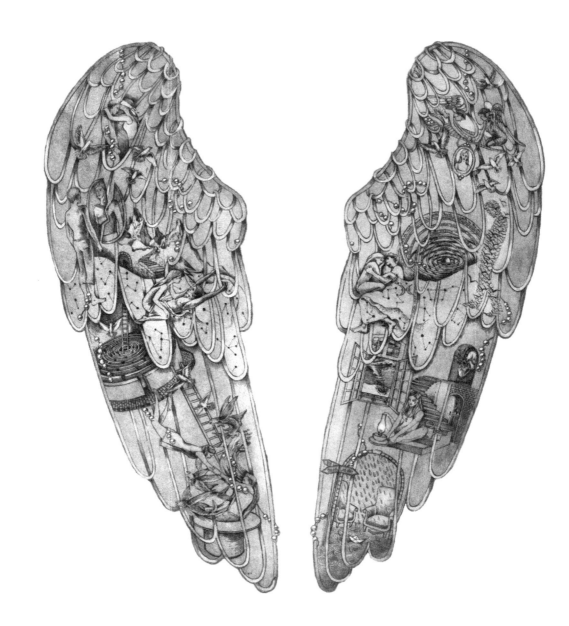